D0908418

ISBN : 2-07-052396-9
© ÉDITIONS GALLIMARD JEUNESSE
DÉPÔT LEGAL : OCTOBRE 2001
NUMÉRO D'ÉDITION 6275
IMPRIMÉ EN ITALIE PAR EDITORIALE - LLOYD
LOI N° 49-956 DU 16 JUILLET 1949
SUR LES PUBLICATIONS DESTINÉES À LA JEUNESSE

L'ALPHABET DES GRANDS PEINTRES

82 PEINTRES
82 ŒUVRES
82 POÈMES DE
YANN WALCKER

GALLIMARD JEUNESSE

ANGELICO, FRA

Peintre italien
(1400-1455). Moine
au couvent de Fiesole,
près de Florence, il peint
des scènes religieuses
aux formes simplifiées
baignées d'une douce
lumière. Il est l'un des
premiers à comprendre
les inventions de la
Renaissance, comme
la perspective.

L'apparition d'un ange aux ailes chamarrées
Un jardin de cyprès des colonnes dorées
Une vierge blottie dans un drap de velours
Un diamant de beauté sur un écrin d'amour
C'est Fra Angelico, moine par vocation
C'est un cadeau du ciel et c'est l'Annonciation…

FRA ANGELICO / *L'Annonciation (187 x 157 cm,*

APPEL

Peintre néerlandais né en 1921. En 1948 il fonde le mouvement cobra avec des amis qui admirent les expressionnistes comme Munch, ou Ensor. Il refuse modèles et règles et peint d'instinct, avec des couleurs éclatantes et de grands gestes sur des matériaux de rebut.

A comme Appel, A comme Art brut !
La couleur comme un uppercut !
Et de ces formes bigarrées,
Où le couteau vient bagarrer,
Naîtra comme naît d'une lutte
Une œuvre à la beauté hirsute !

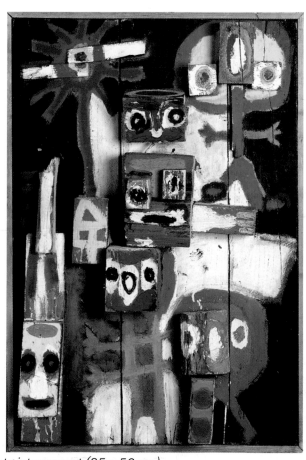

APPEL Karel / *Enfants interrogeant (85 x 56 cm)*

ARCIMBOLDO

Peintre italien (1527-1593). Après avoir conçu les vitraux de la cathédrale de Milan, sa ville natale, tâche qui l'occupe dix ans, il se spécialise dans les visages allégoriques composés de figures d'animaux, de coquillages, de fleurs, de fruits et de légumes. Il passe le reste de sa carrière à Prague au service de Rodolphe II.

Ce surréaliste avant l'heure
Peint des visages-végétaux
Portraiture avec des choux-fleurs
Sert ses tableaux sur un plateau

Un bon dessin tout cuisiné
Radis croquants et champignons
Carotte ou poireau pour le nez
Et des navets plein le chignon

Avec l'humour pour seul credo
Avec la bonne odeur de soupe
C'est Giuseppe Arcimboldo
Et ça se déguste à la loupe !

ARCIMBOLDO Giuseppe / *L'Été (76 x 63,5 cm)*

BONNARD

Peintre français (1867-1947). Membre du groupe des nabis (les «prophètes») qui, rompant avec l'impressionnisme, suivent la voie ouverte par Gauguin, il est aussi influencé par l'art japonais de l'estampe. Coloriste hors pair, il observe avec finesse et poésie la vie parisienne, les scènes d'intimité ; il produit affiches et lithographies.

Le charme intime et raffiné
D'un bel intérieur chaleureux
Portrait de chat, nu généreux
Ou scène urbaine aux tons fanés

Avec un soupçon d'art nouveau
Et tout l'attrait qu'on lui connaît
Pour les paravents japonais
Nabis dans l'âme en ses travaux

C'est délicat c'est réservé
C'est un moment de pur bonheur
La poésie dans la couleur
Et c'est Bonnard à l'arrivée

BONNARD Pierre / *Le Chat blanc (51 x 33 cm)*

BOSCH

Peintre hollandais (1450-1516). Dans ses œuvres, à caractère religieux ou populaire, au dessin précis et aux riches éclats de couleur, il se moque de la méchanceté et de la bêtise des hommes qui finissent par rôtir en Enfer selon les croyances du Moyen Âge. Longtemps oublié, il est redécouvert au XXᵉ siècle par les surréalistes.

Il a peint la folie du monde
Visions d'horreur en miniatures
Bébés criant sous la torture
Chaudrons bouillants, dragons immondes

Un univers de femmes nues
Chevauchant d'énormes tortues,
Des sorciers, des monstres pointus
Diables, cochons, serpents cornus…

Et ce fouillis cauchemardesque
C'est Bosch et c'est l'enfer ou presque !

BOSCH Jérôme / *Le Jardin des délices : l'Enfer* (détail)

BOTTICELLI

Peintre italien
(1445-1510). Artiste
préféré de Laurent de
Médicis, puissant
mécène de la
Renaissance, il peint
de nombreuses
madones et des scènes
religieuses et
mythologiques pour les
palais et les églises de
Florence. Un dessin
nerveux et élégant,
des coloris limpides aux
harmonies raffinées
caractérisent son œuvre
à la poésie un peu
inquiète et très
particulière.

Cet orfèvre de formation,
Immense artiste florentin
Dotait ses représentations
D'un climat spirituel certain

C'est le Printemps, l'Annonciation
Vénus entourée par les anges
Le Christ et les Lamentations
Madone à la pâleur étrange

C'est comme un bijou dépoli
Et c'est du grand Botticelli

BOTTICELLI / *Le Printemps (203 x 314 cm)*

11

BOUCHER

Peintre français (1703-1770). Premier peintre du roi Louis XV, directeur de la manufacture des Gobelins, et protégé par Mme de Pompadour, il produit décorations, tapisseries, gravures et toiles avec une prodigieuse facilité. Influencé par Rubens et Watteau, il crée un type de femmes opulentes et sensuelles.

Un galant univers d'idylles passagères
Pastoureaux délicats, innocentes bergères,
Une odalisque blonde à l'érotisme fin
Les velours d'un boudoir empli de séraphins,
Rubis parfum de rose et couleurs de dragées
Rubans de soie dorure et corps envisagé
Un regard qui propose un soupir maquillé
Le sein qu'un vent sensuel viendra déshabiller
Raffiné rococo délicieux recherché
C'est un trésor d'amour signé François Boucher

BOUCHER François / *L'Odalisque blonde (59 x 73 cm*

BRAQUE

Peintre français (1882-1963). Créateur du cubisme avec Picasso, il décompose les sujets de ses toiles pour en présenter les différents aspects sans avoir recours à la perspective. Il exécute des séries comme les «papiers collés», les «Guéridons», les «Oiseaux» et réalise aussi des illustrations et des bijoux.

Quand le cubisme fait recette
L'objet devient géométrique
C'est un instrument de musique
Décomposé, multifacette

Collage ou toile aux tons de brique
Des gris des bruns du bois qui craque
C'est l'influence de l'Afrique
Et c'est le grand talent de Braque

RAQUE Georges / *Femme à la guitare (103 x 73,5 cm)*

BRUEGEL

Peintre flamand (vers 1525-1569). Marqué par Jérôme Bosch, il peint des scènes folkloriques et populaires exprimant, non sans humour, le tragique de l'existence. Mais il est aussi un artiste de la Renaissance qui donne toute sa mesure dans les paysages, compositions panoramiques où se déploie son sens de la lumière et des couleurs.

Avec la dérision humaine
Et ses excès qu'il met en scène
Bruegel aime à croquer les trognes
Fous édentés, assassins borgnes,
Et sur fond de vie paysanne
C'est la société qu'il condamne
Le péché qu'il caricature
Aux quatre coins de sa peinture

BRUEGEL Pieter, dit l'Ancien / *Les Proverbes flamands (117 x 163 cn*

CANALETTO

Peintre italien (1697-1768). Fils d'un décorateur de théâtre, il consacre son œuvre à la célébration de Venise, sa ville natale, dans des «vues» panoramiques exécutées d'un pinceau minutieux. Monuments, places et canaux, où circulent gondoles et personnages, baignent dans une atmosphère lumineuse à la poésie délicate.

Voici venue Venise Ô la ville éternelle
Ses palais ses drapeaux ses couleurs chamarrées
Chabraques suspendues aux balcons moulurés
Gondoliers en costume et plaisir des prunelles

Avec ses figurants son décor ses bateaux
Ses toits ornementés sa lumière en cristaux
C'est un jour de régate et c'est Canaletto

ANALETTO / *Le Palais ducal vu du Grand Canal (51 x 83 cm)*

CARAVAGE, LE

Peintre italien (1573-1610). Son art est à l'image de son caractère violent et de sa vie mouvementée. Il peint la réalité sous un éclairage dramatique, utilisant de forts contrastes d'ombres et de lumières : c'est le clair-obscur. Son style influencera de nombreux peintres dans l'Europe du XVIIe siècle et donnera naissance à la peinture moderne.

Crucifixion Mise au tombeau`
Portrait d'apôtre ou de Bacchus
Des Saints la Cène à Emmaüs
Martyrs jaunis sous les lambeaux

Fonds ténébreux et dramatiques
Aux sourdes luminosités
Sombres couleurs d'obscurité
Profonde intensité mystique

Quand la beauté fait des ravages
Quand la palette est contrastée
Vision d'austère humanité
C'est le génie du Caravage

LE CARAVAGE / *La Flagellation du Christ à la colonne (134,5 x 175,4 cr*

ARPACCIO

Peintre italien (vers 1460-vers 1525). Pour les confréries de Venise, il réalise des séries de tableaux religieux au dessin précis et aux coloris lumineux. Artiste de la Renaissance, il maîtrise parfaitement la perspective et place ses personnages dans un cadre vivant et poétique.

Détrempé sur toile un tableau d'histoire
Chromatisme clair au climat joyeux
Un sens du détail qui ravit les yeux
Pour la perspective un penchant notoire

Ces panneaux géants dans des tons pastel
Chantant sainte Ursule ainsi que des odes
Scènes de théâtre en neuf épisodes
Font de Carpaccio ce peintre immortel

ARPACCIO Vittore / *La Rencontre de sainte Ursule avec le pape (281 x 307 cm)*

CÉZANNE

Peintre français (1839-1906). Comme les impressionnistes, il peint en plein air, mais privilégie la construction géométrique. Paysages, natures mortes, baigneuses sont ses thèmes préférés. Incompris de ses contemporains, il aura pourtant une influence déterminante sur l'art du XXᵉ siècle.

Quand l'art moderne est en avance
Étalant sous d'épaisses couches
Un paysage de Provence
Que le soleil blondit par touches

Quand la composition est forte
Joueurs de cartes face à face
Du blé des bleus qui vous transportent
Et la beauté pour dédicace

Grillons mistral et tramontane
C'est l'incontournable Cézanne

CÉZANNE Paul / *La Montagne Sainte-Victoire (60 x 72 cn*

CHAGALL

Peintre français d'origine russe (1887-1985). Son art se caractérise par des sujets empruntés au folklore et traités comme des visions magiques dont les figures semblent flotter parmi les couleurs somptueuses. Il s'intéresse aussi à l'illustration, à la céramique, à la tapisserie et au vitrail.

Quand le rêve a des lueurs rouges
Traversées de brumes épaisses
Quand dans Paris des vaches paissent
Sur un fond bleu près d'un vieux bouge

Quand l'esprit russe est un régal
Quand s'envolent dans l'univers
Les amants sous des halos verts
C'est un tableau signé Chagall

CHAGALL Marc / *La Promenade* (170 x 163,5 cm)

CHARDIN

Peintre français (1699 -1779). Posant un regard tendre et généreux sur les choses simples de la vie quotidienne, il excelle à rendre dans ses scènes de genre et ses natures mortes les textures et les reflets qui animent les objets et révèlent leur poésie.

C'est un panier de fleurs un vieux salon badin
Un portrait savoureux dans des tons retenus
Garçonnet au toton, Blanchisseuse ingénue
Des animaux des fruits l'harmonie d'un jardin
Des scènes d'intérieur où règne l'indolence
Le calme d'un enfant qui s'amuse en silence
Ou le bonheur tranquille à la façon Chardin

CHARDIN Jean Siméon / *La Blanchisseuse (37,5 x 42,5 cm*

COURBET

Peintre français (1819-1877). Chef de file du courant réaliste, il s'oppose à l'art officiel et peint des gens du peuple dans de grands formats, jusque-là réservés à la peinture d'histoire, élevant ses modèles au rang de héros modernes. Son art puissant produira aussi de somptueux paysages et des portraits magistraux.

D'un réalisme cru solide et vigoureux
D'un contenu social à demi déguisé
Il peint la vérité sans l'idéaliser
La touche artisanale et dans des tons terreux

Aux côtés d'un marchand d'un chasseur d'un curé
D'un ouvrier d'un juif enfin d'un paysan
C'est un autoportrait qu'il nous livre imposant
Un atelier d'artiste un aïeul enterré

L'ombre d'un précurseur plane sur l'alphabet
Ou l'éternelle aura d'un sublime Courbet

COURBET Gustave / *L'Atelier du peintre (559 x 598 cm)*

CRANACH

Peintre allemand (1472-1553).
À la fois peintre de cour, imprimeur, pharmacien et bourgmestre, il produit, avec son atelier, une œuvre considérable, abordant tous les genres, du portrait au nu en passant par les sujets mythologiques. Ami de Luther, il contribue à l'illustration des idées de la Réforme.

Formidablement caricaturiste
Il croque avec soin d'un trait minutieux
Le portrait d'Hercule en habits précieux
Un gras cardinal ronflant près du Christ
C'est l'exécution du petit détail
Un rien maniéré mais si croustillant
Vénus et Lucrèce aux tons chatoyants
Quand la religion soudain s'encanaille
Maniant le pinceau comme un magicien
L'humour et la foi c'est Cranach l'Ancien

CRANACH Lucas / *Albert de Brandenbourg (158 x 112 cm*

DALÍ

Peintre espagnol (1904-1989). Élève des Beaux-Arts de Madrid, il rencontre les cubistes puis opte pour le surréalisme. Personnage excentrique et provocateur, influencé par la psychanalyse, doué d'une imagination délirante, il peint, dans un style méticuleux, les associations d'idées insolites que lui suggère sa «méthode paranoïaque critique».

Un univers de montres molles,
De fourmis, de femmes-tiroirs,
De visions hallucinatoires,
De folie semée de symboles…

Ce moustachu surréaliste,
Paranoïaque et narcissique,
Loufoque absurde et médiatique,
Mélange éléphants bleus et christs !

C'est drôle et psychanalytique,
Mégalo délirant mystique,
En un seul mot, c'est Dalistique !

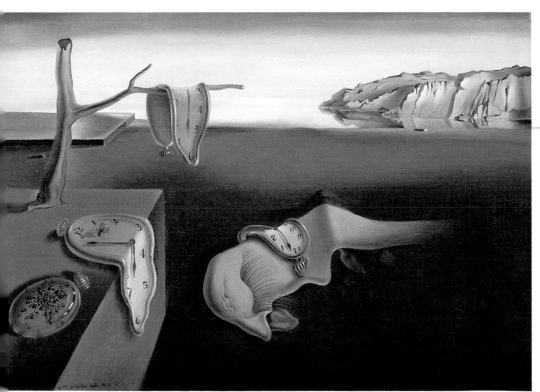

DALÍ Salvador / *Persistance de la mémoire (24 x 33 cm)*

DAVID

Peintre français (1748-1825). Maître de l'école néoclassique, qui prend l'Antiquité pour modèle, il domine la peinture française durant quarante ans. Il participe à la Révolution puis devient, sous l'Empire, le peintre officiel de Napoléon. Il est également célèbre pour ses portraits.

C'est un geste héroïque une épée des cuirasses
Un tableau rigoureux le Serment des Horaces
Napoléon posant en tenue d'apparat
Madame Récamier ou la mort de Marat

Avec un style enfin qu'on dit néoclassique
Et la fidélité dans les scènes antiques
C'est le cheval fougueux du héros intrépide
Un portrait magistral pris d'assaut par David !

DAVID Jacques Louis / *Le Premier Consul franchissant les Alpes… (259 x 221 cm*

DE CHIRICO

Peintre italien (1888-1978). Dans les années 1910, il compose un type d'images oniriques. De ce fait, il sera considéré par les surréalistes (Magritte, Ernst) comme un précurseur. Par la suite, il cessera de s'intéresser à la démarche moderniste pour revenir à l'art du passé.

Un univers étrange aux scènes insolites
Peuplé d'objets curieux de mannequins de bois
Personnages figés sans visage sans voix
Sous des rangées d'arcades d'ocre et d'anthracite

Une fenêtre aveugle un pays sans écho
Une statue romaine au charme silencieux
La rouge architecture au calme mystérieux
Des places d'Italie signées De Chirico...

DE CHIRICO Giorgio / *Les Muses inquiétantes (97 x 67 cm)*

DEGAS

Peintre français
(1834-1917).
Ami de Manet,
il participe à l'éclosion
du mouvement
impressionniste.
Choisissant ses modèles
dans les coulisses de
l'Opéra, sur les champs
de courses ou dans
le monde du travail,
il réalise une synthèse
nouvelle de l'espace,
de la lumière
et du mouvement.

Un champ de courses des danseuses
Rubans tutus chaussons de soie
Tons raffinés pauses gracieuses
L'Absinthe et le café Guerbois

Le pastel valse sur la toile
Au rythme ardent des petits rats
Tourbillonne ainsi qu'une étoile
Sur le plancher de l'opéra

Vieux rose et gris-vert délicats
C'est l'incomparable Degas

DEGAS Edgar / *Répétition d'un ballet sur la scène (65 x 81 cm,*

DELACROIX

Peintre français (1798-1863). Son style tumultueux et son génie de la couleur font de lui le meilleur représentant de l'école romantique. Un voyage au Maroc lui permet de renouveler ses sources d'inspiration. Il exécute plusieurs grandes commandes décoratives pour l'État et son œuvre de chevalet aura une influence déterminante sur l'impressionnisme.

Un narguilé de cuivre, un tapis vermillon,
Servante à la peau brune ou princesse en babouches
Qui attend langoureuse, à l'ombre de sa couche,
Le retour du Sultan, passé la chasse au lion…

La splendeur d'un harem aux couleurs envoûtantes,
Luxurieux paradis, voyage oriental,
Des fragrances d'opium et de bois de santal,
Un tableau chaleureux comme un thé à la menthe…

DELACROIX Eugène / *Femmes d'Alger dans leur appartement (180 x 229 cm)*

DUBUFFET

Peintre français (1901-1985). Venu tard à la peinture, il défend l'art brut, au dessin volontairement maladroit, libre et spontané. Son œuvre évolue depuis les graffitis et les jeux de matière épaisse et terreuse jusqu'aux peintures-sculptures cocasses en plastique animées de hachures peintes.

Avec la spontanéité
Le chaos la vitalité
La force explosive et brutale
La liberté la plus totale
Dessin d'enfant pour le motif
Bloc polychrome et primitif
C'est l'insoumis Jean Dubuffet
L'art brut comme il nous satisfait

DUBUFFET Jean / *Nœud au chapeau (81 x 65 cm*

DUCHAMP

Peintre français (1887-1968). Ses premières œuvres, vers 1912, sont influencées par le futurisme. Dès 1915, précurseur de l'esprit dada, il invente le *ready-made* (objet usuel promu par dérision au rang d'œuvre d'art), qui fait scandale à New York. Il aura une influence déterminante sur l'art du XXᵉ siècle.

Duchamp, peintre dada, compagnon de Man Ray
Pour qui de Pissotière en Trébuchet standard,
De roue de bicyclette en simple tabouret,
Le seul choix d'un objet devient une œuvre d'art

La Mariée mise à nu par des célibataires
(Ou dans un cadre fin, bris de verre et métal)
Un talent futuriste au succès planétaire
Confrontant l'esthétique à l'expérimental

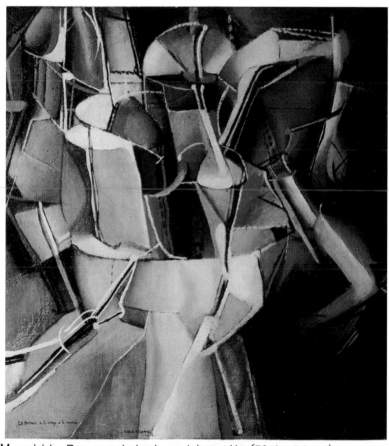

UCHAMP Marcel / *Le Passage de la vierge à la mariée (59,4 x 54 cm)*

DÜRER

Peintre allemand
(1471-1528).
À la charnière
du Moyen Âge et
de la Renaissance,
son art s'exprime à travers
la peinture à l'huile
et la gravure, qui permet
une large diffusion de son
œuvre dans toute l'Europe.
Il est l'auteur de traités
sur la perspective et
les proportions du corps.

Un fabuleux portrait puissant figuratif
Finesse des glacis, fonds roux et tissus bruns,
Madone du Rosaire ou somptueux pontife,
Peinture enchanteresse ou gravure au burin.

Joyau de la couronne en cet abécédaire
Voici le diamant rare une œuvre de Dürer

DÜRER Albrecht / *La Nativité avec saint Georges et saint Eustache (157 x 248 cm*

ENSOR

Peintre belge (1860-1949). Servi par une palette à la subtilité tout impressionniste et par une technique magistrale, il réalise, jusqu'au tournant du siècle, des chefs-d'œuvre d'un humour grinçant, peuplés d'êtres grotesques qui singent et ridiculisent les notables de son époque.

Un univers dramatique
Décor de rêve et d'angoisse
Un intérieur glauque où poisse
Un pendu fantomatique

Une parodie macabre
Où se joignent aux squelettes
D'inquiétantes marionnettes
Brandissant balais et sabres

C'est l'ombre du mauvais sort
Ainsi qu'un pantin fantasque
C'est un carnaval de masques
Et tout le génie d'Ensor

NSOR James / *Squelettes se disputant un pendu (59 x 74 cm)*

31

ERNST

Peintre allemand naturalisé français (1891-1976). Aux collages étranges de sa période dada succèdent les toiles surréalistes. Il expérimente diverses techniques qui laissent au hasard le soin de décider de l'œuvre.

Un éléphant-marmite, un oiseau-monument
Au hasard du pinceau quelques fleurs-coquillages
C'est l'imagination qui se ferait collage
La décalcomanie poésie d'un moment...
C'est un surréalisme atypique et céleste
L'immodéré talent du grand peintre Max Ernst

ERNST Max / *Monument aux oiseaux (162 x 130 cr*

FRAGONARD

Peintre français (1732-1806). Formé auprès de Chardin et de Boucher, ayant voyagé en Italie et aux Pays-Bas, il se spécialise dans les scènes galantes et les portraits psychologiques.

Jardinet rococo, chérubins délicieux,
Baldaquin prometteur et traversin précieux,
De coquins amoureux fleurissant l'herbe verte
Ou Vénus équivoque à la chemise ouverte,
Voici l'Escarpolette et le Colin-Maillard,
Des jeux de séduction menés par Fragonard...

FRAGONARD Jean Honoré / *Les Hasards heureux de l'escarpolette (56 x 46 cm)*

fRIEDRICH

Peintre allemand (1774-1840). Il traite essentiellement le grand thème romantique de l'homme solitaire face à des paysages grandioses. Dans ses toiles au style lisse et glacé, l'observation scrupuleuse de la nature se double d'une portée symbolique.

Voici le romantisme et la méditation
Paysage de l'âme, aube argentée d'écume
Un voyageur perdu, des lacs blanchis de brume
Voici la solitude et la contemplation…
C'est un panorama sombre et grandiloquent
Rochers noirs et griffus, parfum d'iode et de drame
Mais troué de clartés quand le cœur est en flammes
Et s'élève amoureux vers un ciel éloquent…
C'est la soif d'infini d'un grand peintre allemand
Philosophe absolu, Friedrich, passionnément.

FRIEDRICH Caspar David / *Voyageur contemplant une mer de brume (94,8 x 74,8 c*

GAINSBOROUGH

Peintre anglais (1727-1788). Pour sa clientèle aristocratique, il réalise d'élégants portraits. Doué d'une touche légère ot frémissante, privilégiant un environnement naturel, il représente l'esprit de la peinture anglaise. Ses paysages feront l'admiration des impressionnistes.

Portrait champêtre et cor anglais
Tenue de lord au grand complet
On s'est préparé pour la chasse
Chevaux ladies et chiens de race
Tandis qu'au beau milieu du bois
Se cachent la biche aux abois
Le renard au pelage roux
Sous l'œil subtil de Gainsborough

AINSBOROUGH Thomas / *Conversation dans un parc (73 x 68 cm)*

GAUGUIN

Peintre français (1848-1903). Il réagit contre l'impressionnisme en utilisant la couleur pure posée en aplats et cernée de contours simplifiés. Après la Bretagne, la Polynésie lui offre le cadre idéal du retour aux origines qui le hante. Il sera l'inspirateur des nabis et des fauves.

Quelques aplats de couleurs fauves
Parfum de mangue et de cannelle
Vahiné robuste et charnelle
Imprimé d'un paréo mauve

Et sous un grand soleil d'été
De Pont-Aven à Tahiti
C'est tout l'exotisme abouti
D'un «luxe, calme et volupté»

NAVE NAVE MOE

GAUGUIN Paul / *Nave nave Moe, «Eau délicieuse» (73 x 98 cn*

GÉRICAULT

Peintre français
(1791-1824).
Admirable dessinateur,
passionné de chevaux,
fasciné par la mort,
témoin des misères
physiques et morales
qui accablent l'homme,
il est à la fois
le premier des peintres
romantiques et un
précurseur du réalisme.

Tragédie d'un naufrage à vous glacer le sang
Réalisme violent intense et saisissant
Ou l'ultime énergie sombre et désespérée
D'un radeau qui combat pour ne pas chavirer
Saisi par Géricault impitoyablement
Avec un souffle inouï jusqu'au dernier moment…

GÉRICAULT Théodore / *Le Radeau de la Méduse (491 x 716 cm)*

GIOTTO

Peintre italien (1266-1337). Il rompt avec la tradition byzantine en introduisant dans son art volumes et espace et en remplaçant les attitudes figées par des gestes expressifs qui traduisent les sentiments des personnages. Il aura une grande influence sur les artistes de la Renaissance.

Comme un saphir étoilé
De poupées auréolées
Un grand ciel parsemé d'anges
Boucles d'or et courtes franges
C'est le cœur et ses clartés
Couleur spiritualité
Giotto Les Lamentations
Divin par définition…

GIOTTO / *La Déposition de Croix (200 x 230 cm*

GOYA

Peintre espagnol
(1746-1828).
Portraitiste officiel
de la cour, il traite aussi
des sujets populaires
et des commandes
religieuses. Devenu
sourd, il adopte un style
plus sombre, visionnaire.
Ses gravures satiriques
influenceront des
peintres comme
Delacroix et Manet.

Les condamnés à mort d'une Espagne macabre
Les rouges processions, les soldats menaçants,
Le sang d'un patriote au masque grimaçant,
La Sainte Inquisition les fusils qui se cabrent

C'est la caricature et le dessin méchant
Le tribunal du Crime et l'armée pervertie
La descente aux enfers sans espoir de sortie,
C'est Monseigneur du Vice et ses vilains penchants

Voici la vieille infante et l'affreuse Donia
Un Trois Mai comme un râle ou le cri d'un paria
Et l'ombre illimitée du génie de Goya

GOYA Francisco / *Tres de mayo, «Le 3 mai 1808» (266 x 345 cm)*

GRECO, LE

Peintre espagnol (1541-1614). D'abord influencé par les maîtres italiens, il développe un style très personnel, à la fois maniériste et expressionniste, en rapport avec son naturel mystique.

Le Greco peintre immense au talent visionnaire
Qui fit dans ses tableaux place à l'imaginaire
Une atmosphère étrange onirique irréelle
Des rouges lumineux, drapé jaune en plein ciel
C'est un plaisir suprême un pur moment d'extase
Une œuvre fascinante ou le comte d'Orgaz…

LE GRECO / *L'Enterrement du comte d'Orgaz (480 x 360 cm.*

HOGARTH

Voici William Hogarth, la palette enlevée
Le bien-être apparent le pinceau cultivé
Des portraits pleins d'humour, prostituée, domestiques,
Marchande de crevettes au regard sympathique
Voici l'esprit british et la fraîcheur de l'âme
Ou les enfants chéris du bon docteur Graham…

HOGARTH William / *Les Enfants Graham (160,5 x 181 cm)*

HOKUSAI

Peintre japonais (1760-1849). Son œuvre comporte des milliers d'estampes (vie quotidienne, fleurs, animaux, paysages). Il découvre l'art occidental grâce aux gravures hollandaises et fascinera à son tour des Européens comme Degas, Gauguin, Van Gogh ou Toulouse-Lautrec.

Quand l'heure est à l'estampe où danse un samouraï
Une vague géante au milieu des bonsaïs
Les roses de satin la laque et le jasmin
Dans un décor de nacre et de bambous carmin
L'heure est aux geishas l'heure est aux éventails
Un éden japonais revu par Hokusai…

HOKUSAI / *La Vague (25,2 x 38 cm*

HOLBEIN

Peintre allemand
(1497/98-1543).
Attiré par l'humanisme,
influencé par l'Italie,
il devient l'un des plus
grands portraitistes
de tous les temps, sachant
traduire avec sobriété
et réalisme le caractère
et le rang de ses modèles.

Couleurs élaborées, richesse des parures,
Des velours, des tissus, de l'or et des fourrures,
Mandoline en bois blond, parquet lourd d'ornements,
Objets d'astronomie et miroir déformant,
La chaleur d'un tableau teintée de profondeur,
Un chef-d'œuvre d'Holbein ou Les Ambassadeurs…

HOLBEIN Hans / *Les Ambassadeurs (206 x 209 cm)*

HOMER

Peintre américain (1836-1910). Illustrateur de presse pendant la guerre de Sécession, il découvre la manière des impressionnistes lors d'un séjour à Paris. Grand voyageur, il peint l'homme aux prises avec les éléments, la rude vie des marins, la puissante poésie de la mer.

Vision d'immensité, vertige de la mer
Mélancolie profonde aux senteurs outremer
C'est l'infiniment bleu nacré de mousse amère
L'éternité liquide où sombre l'éphémère
Les algues les galets le chant gris des steamers
C'est l'appel du grand large et c'est Winslow Homer

HOMER Winslow / *Breezing Up (61,5 x 97 cr*

INGRES

Peintre français
(1780-1867).
Élève de David,
il fait de longs séjours
en Italie et devient le
chef de l'école classique
face au romantisme
d'un Delacroix. Mais son
goût pour l'arabesque,
sa palette aux tons acides
et une certaine étrangeté
transcendent les strictes
règles académiques.

C'est un portrait servi par un somptueux dessin
Une femme alanguie sur la chair des coussins
La courbe généreuse et le traité classique
Un doux visage empreint de langueur narcissique
Une sensualité tirée à quatre épingles
Rigueur et perfection c'est l'Odalisque d'Ingres

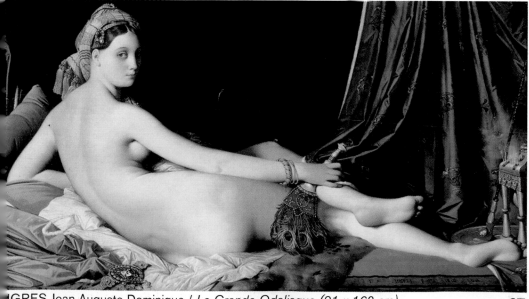

INGRES Jean Auguste Dominique / *La Grande Odalisque (91 x 162 cm)*

KANDINSKY

Peintre russe naturalisé français (1866-1944). Venu à la peinture à la vue d'un tableau de Monet, il fonde le groupe du Blaue Reiter («Cavalier bleu»), entre fauvisme et expressionnisme ; sa recherche le mène ensuite vers l'abstraction. Également théoricien, il enseignera au Bauhaus.

Un univers improvisé
De courbes de lignes brisées ;
Substances dans des tons sableux
Aquarellées sur un fond bleu ;
Avec du spirituel dans l'art
Des triangles plein la mémoire
Avec un espace esthétique
Soumis aux lois qu'il dit cosmiques
Reflets d'impressions intérieures,
C'est Kandinsky pour le meilleur

KANDINSKY Wassily / *Sans titre, 1910 (49,6 x 64,8 cm*

KIRCHNER

Peintre allemand (1880-1938). Désireux de s'affranchir des traditions, il fonde le mouvement Die Brücke («Le Pont») et devient l'un des maîtres de l'expressionnisme. Son style se caractérise par la déformation des lignes, un dessin anguleux et des couleurs violentes.

De grands aplats fiévreux qu'un noir cerné ravive
Les clameurs de la rue les tramways les passants
Visage expressionniste anguleux saisissant
Femme à la peau verdâtre aux clartés maladives

La vision se déforme et près du limonaire
Les enfants les chapeaux les avenues se tordent
Le dessin se déchire et la couleur déborde
C'est infiniment beau c'est l'excellent Kirchner

KIRCHNER Ernst Ludwig / *Scène de rue berlinoise (121 x 95 cm)*

KLEE

Peintre suisse
(1879-1940).
Kandinsky, le cubisme
et surtout la révélation
de la lumière en Tunisie
marquent son œuvre.
Entre abstraction et
surréalisme, il compose
un univers de signes
poétiques aux coloris
diaphanes. Enseignant
au Bauhaus, il a laissé
des écrits théoriques.

Un grand tramé asymétrique
Au centre d'un contour abstrait
Des rapports de tons magnifiques
Et voici que naît un portrait

Couleurs aux subtiles nuances
Effet vitrail et transparences
Secrets dont seul avait la clef
Ce grand talent qu'était Paul Klee

KLEE Paul / *Buste d'enfant (50,8 x 50,8 cr*

KLIMT

Peintre autrichien (1862-1918). Tenant de l'art nouveau, il est l'un des fondateurs de la Sécession viennoise (1897) dont la devise proclame : *« À l'époque son art, à l'art sa liberté. »* Il crée un style chatoyant, proche du symbolisme.

Il peint sur fond doré des splendeurs décadentes
Richement décorées de volutes ardentes
Précieux énigmatique et chargé d'ornements
Avec un peu d'Orient dans l'éblouissement
Comme un bijou ancien le portrait de Judith
Par le génial pinceau du Viennois Gustav Klimt

KLIMT Gustav / *L'Accomplissement (193 x 120 cm)*

L A TOUR

Peintre français (1593-1652). Influencé par les clairs-obscurs du Caravage, il atteint dans ses tableaux religieux et ses scènes de genre un haut niveau de spiritualité, allant à l'essentiel grâce à la rigueur d'une composition presque géométrique et à l'immobilité de ses personnages.

Gestes discrets, regards furtifs,
Au bout de la partie gageons
Que nos trois complices fautifs
Auront raison de leur pigeon !

Et dans l'obscurité du lieu,
Victime d'un bien vilain tour,
Et sous l'œil moqueur de La Tour,
Le gandin n'y voit que du feu…

Le chef de ces fieffés marauds ?
Le Tricheur à l'as de carreau !

LA TOUR Georges de / *Le Tricheur à l'as de carreau (107 x 146 cr*

LÉGER

Peintre français (1881-1955). Il interprète les leçons de Cézanne et du cubisme en simplifiant les volumes dans le sens de l'esthétique industrielle : ses personnages-machines deviennent des hommages au dynamisme de la vie moderne.

Un personnage aux couleurs pures
Découpé sur gris métallique
Pour un univers mécanique
Plein de cylindres froids et durs

Des travailleurs plats et figés
À chaque ouvrier sa machine
Et des constructions qui fascinent
Sans hésiter c'est un Léger

ÉGER Fernand / *Les Constructeurs (300 x 200 cm)*

LÉONARD DE VINCI

Peintre italien (1452-1519). Ce génie universel de la Renaissance est aussi architecte, ingénieur, mathématicien, botaniste… Inventeur de la technique du *sfumato*, qui estompe les formes dans une lumière vaporeuse, il étudie la perspective et l'anatomie.

On a tant dit déjà que les mots sont usés,
Aux quatre coins du monde…
«Un mystère insondable ! Un monsieur déguisé !
Une énigme profonde !…»
Reste un regard étrange un sourire amusé,
Celui de la Joconde…

LÉONARD DE VINCI / *La Joconde (77 x 53 cn*

LIMBOURG

Enlumineurs néerlandais (début XVᵉ siècle).
Ils composent, pour le duc Jean de Berry, un livre de prières richement illustré, qui constitue l'une des œuvres les plus raffinées du gothique international. Influencé par les primitifs italiens comme Giotto, leur art annonce Van Eyck.

C'est un trésor de miniature
Un miracle d'enluminure
Vieil or et châteaux dentelés
Ciel de cristal immaculé
Adam et Ève au Paradis
Décembre et le Duc de Berry
Voyage au temps des troubadours
Ou la magie des fils Limbourg.

LIMBOURG frères de / *Le Mois de décembre à Vincennes (22,5 x 13,6 cm)*

MAGRITTE

Peintre belge (1898-1967). Ses toiles en trompe l'œil transposent dans des contextes étranges ou absurdes des objets quotidiens tracés dans le style froid et dépouillé des documents d'histoire naturelle, bouleversant notre perception de l'image et son identification.

Peintre du rêve aux cent messages
Ami d'Eluard et de Breton
Une pipe un chapeau melon
Une pomme et quelques nuages

Une colombe une fenêtre
Un tableau qui dirait peut-être

René Magritte avec un M
Le surréalisme au sommet
Et surtout n'oubliez jamais
Que «ceci n'est pas un poème» !

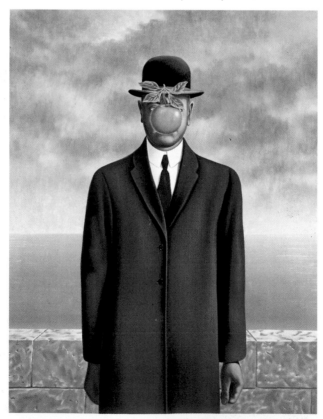

MAGRITTE René / *Le Fils de l'homme (116 x 89 cm.*

MANET

Peintre français (1832-1883). Admiratif des maîtres espagnols, il n'hésite pas cependant à rejeter les règles académiques de la perspective et du clair-obscur au profit d'éclairages violents et de grands aplats de couleurs. Sa modernité scandalise le public mais séduit les impressionnistes.

Un doux soleil à l'horizon
Un déjeuner sur le gazon
C'est la campagne aux tons sereins
C'est Argenteuil et les marins
Les canotiers les bords de plage
Zola le grand bal du village
Ou la vie d'un estaminet
Sur le chevalet de Manet

MANET Édouard / *Le Déjeuner sur l'herbe (214 x 270 cm)*

MATISSE

Peintre français (1869-1954). Un temps chef de file du fauvisme, cet immense plasticien se tourne bientôt vers une simplification du dessin, résumé à d'audacieuses arabesques, et une construction par la couleur posée en larges aplats ou composant des effets chamarrés.

Un intérieur aux couleurs vives
Où règne une chaude harmonie
Le bonheur et la joie de vivre
Piano chantant sous le vernis

Un grand salon décoratif
Sur des tapis un nu drapé
Décor aux multiples motifs
Peinture ou papiers découpés

Avec la danse et la musique
Les ornements qui garantissent
Cet effet prodigieux magique
C'est un chef-d'œuvre de Matisse

MATISSE Henri / *Figure décorative sur fond ornemental (130 x 98 cm*

MICHEL-ANGE

Peintre, sculpteur
et architecte italien
(1475-1564). Son art
se déploie à Rome
et à Florence dans de
grandioses réalisations
où le corps humain, à
l'exemple de l'Antiquité,
tient la première place.
Les fresques de
la chapelle Sixtine
constituent
la quintessence de son
puissant génie créateur.

C'est un génie de la sculpture
Ou la perfection masculine
Esclave à la beauté féline
Superbe de musculature

C'est un idéal transcendant
C'est un chef-d'œuvre qui s'obstine
C'est Michel-Ange et la Sixtine
Et c'est la Création d'Adam

ICHEL-ANGE / *La Création d'Adam* (détail)

MIRÓ

Peintre espagnol (1893-1983). Ce surréaliste émule de Paul Klee invente, entre humour et angoisse, un monde graphique basé sur le rêve et l'automatisme qui lui offrent une liberté d'expression illimitée. Il s'intéresse aussi à la céramique et à la décoration monumentale.

Surréaliste et poétique
Riant sous ses couleurs primaires
C'est un portrait imaginaire
Aux formes souples et ludiques

Rouge espagnol de noir cerné
Matière organique et lyrique
Ou création fildeférique
L'humour inventif incarné

Venu du pays des taureaux
C'est le talent version Miró

MIRÓ Joan / *Libellule aux ailerons rouges... (81 x 100 cm*

MODIGLIANI

Peintre et sculpteur
italien de l'école de Paris
(1884-1920). Son sujet
de prédilection est la
silhouette féminine, dont
il cerne les contours d'une
ligne épurée. Pour servir
son propos, il a recours
à des déformations
expressives comme
l'allongement exagéré
des formes.

Un long visage ovale un cou démesuré
Des verts des tons de rouille un regard inspiré
Un dandy maladif art nègre et femmes-cygnes
Un portrait singulier sensuel étrange et digne
C'est un talent unique au pouvoir infini
Un tableau envoûtant signé Modigliani

MODIGLIANI Amedeo / *Jeanne Hébuterne assise, de profil (100 x 64,8 cm)*

MONDRIAN

Peintre néerlandais (1872-1944). Sa démarche, le néoplasticisme, consiste à ne conserver de la peinture que ses éléments les plus fondamentaux. D'où ses constructions d'une rigueur extrême, composées des trois couleurs primaires sur une trame de lignes orthogonales noires.

Un carré rouge un carré jaune un carré bleu
De gros traits noirs et sur la toile au beau milieu
Un aplat gris d'une sérénité totale
Composition horizontale et verticale
Un monde à part équilibré simple et brillant
C'est l'univers organisé de Mondrian

MONDRIAN Piet / *Composition avec rouge, jaune et bleu (56 x 55 cm*

M ONET

Peintre français (1840-1926). Figure emblématique de l'impressionnisme, il peint en plein air les choses «telles qu'il les voit» : formes et couleurs sont intimement liées aux variations de la lumière. Les nymphéas de son jardin de Giverny seront une inépuisable source d'inspiration.

C'est la lumière et l'harmonie
L'impressionnisme et Giverny
Le bassin mauve aux nymphéas
Jardin que le peintre créa
Couleur de neige ou de printemps
Parfum sensible et fleurs d'étang
Une ombre verte un chevalet
Nuances d'un soleil violet
De véritables perles rares
Roseaux vieux saule et nénuphars
Dormant sous un pont japonais
C'est un chef-d'œuvre de Monet

ONET Claude / *Le Bassin aux nymphéas : harmonie verte (89 x 93,5 cm)*

MUNCH

Peintre norvégien (1863-1944). Son œuvre traduit en couleurs fortes et contrastées et en arabesques tourmentées l'angoisse, la solitude, la détresse morale qui le tenaillent tout au long de sa vie. Il exercera une grande influence sur les expressionnistes allemands.

De par ses lignes ondulantes
Ses lourdes formes angoissantes
Ses personnages irradiés
Dans une grisaille incendiée
C'est un passant défiguré
L'expressionnisme torturé
C'est comme un malaise obsédant
C'est Munch et c'est un cri strident

MUNCH Edvard / *Le Cri (91 x 73,5 cr*

PICASSO

Peintre espagnol
(1881-1973).
Au cours de sa longue
carrière, il révolutionne
le monde de l'art à
travers l'évolution variée
mais totalement logique
de son œuvre. Périodes
bleue, rose, cubiste,
classique, surréaliste,
expressionniste marquent
de leur empreinte
son talent multiforme.

Période bleue, période rose
Les univers se superposent
Fini le temps des Arlequins
Réinventons l'art africain
C'est le cubisme et l'abstraction
Déformations, fragmentations
C'est Guernica pour trait d'union
Les Demoiselles d'Avignon
Des chefs-d'œuvre d'universaux
Qu'offrit le Maître Picasso

CASSO Pablo / *Les Amoureux (185 x 140 cm)*

PIERO DELLA FRANCESCA

Peintre italien
(vers 1415-1492).
Ses compositions
reflètent son goût
pour les mathématiques,
considérées comme
une expression
de l'ordre divin.
Ses personnages
aux formes sculpturales
modelées en tons
étincelants se détachent
sur un espace creusé
par la perspective
géométrique.

Voici la fresque flamboyante
Avec ses couleurs chatoyantes
Voici la Vierge lumineuse
Aux demi-teintes harmonieuses
Manteau bleuté tons délicats
Par Piero della Francesca

PIERO DELLA FRANCESCA / *Madonna del Parto (260 x 203 cm*

POLLOCK

Peintre américain (1912-1956). Avec la peinture gestuelle, dont il est l'un des plus célèbres représentants, c'est le hasard qui décide de l'œuvre par l'intermédiaire des mouvements non calculés de l'artiste. Le véritable sujet du tableau réside alors dans les traces de sa fabrication.

La toile est posée sur le sol…
Automatique et spontanée,
La main du peintre devient folle !

La couleur gicle sa blessure !
De l'inconscient un art est né,
Au rythme des éclaboussures !

C'est la technique des Drippings,
C'est Pollock ou l'Action Painting !

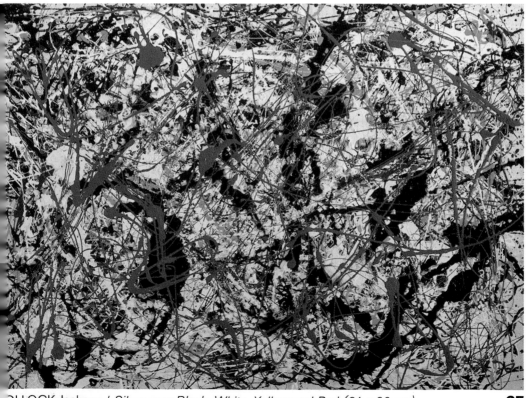

POLLOCK Jackson / *Silver over Black, White, Yellow and Red (61 x 80 cm)*

POUSSIN

Peintre français
(1594-1665).
Grand admirateur
de l'Antiquité classique,
il passe presque toute
sa vie à Rome où il se
consacre à la peinture
de chevalet.
Ses scènes bibliques ou
mythologiques prennent
place dans de vastes
paysages étudiés
sur le motif mais
recomposés à l'atelier.

La poésie d'un paysage
Des chérubins pleins de malice
Neptune Amphitrite ou Narcisse
Le classicisme des visages

Pinceau magique et doigts de fée
C'est le grand Nicolas Poussin
Et comme un air de clavecin
Le chant d'Eurydice et d'Orphée...

POUSSIN Nicolas / *Paysage avec Orphée et Eurydice (120 x 200 cr*

RAPHAËL

Peintre italien (1483-1520). Maître du classicisme, il allie la pureté du dessin et le raffinement du coloris à l'ampleur de la composition. Il excelle aussi bien dans ses portraits que dans ses madones ou dans les fresques réalisées pour les papes. Son influence durera quatre siècles.

C'est l'intensité dramatique
La Transfiguration mystique
Jésus veillant sur ses agneaux
Ou Madonna di Foligno

C'est la couleur par-dessus tout
Dessin qui triomphe au-dessous
Vision profonde et spirituelle
Une splendeur de Raphaël

RAPHAËL / *Madone Sixtine (265 x 196 cm)*

REMBRANDT

Peintre néerlandais (1606-1669). En marge des styles et des modes, ses créations, portraits ou sujets religieux, traduisent les mystères de la condition humaine, la vie intérieure par-delà les apparences. Prodigieux dessinateur, il laisse un œuvre gravé de première importance.

Rembrandt peintre hollandais génie de la lumière
Expert en clair-obscur chaleureux théâtral
Sépias marrons glacés couleurs de cathédrales
Virtuoses portraits intérieurs de chaumières

D'un savant paysage aux abords d'Amsterdam
Ou de scène biblique inspirée pour modèle
Face à l'ocre lueur tremblante des chandelles
Émanent des faisceaux de mystère et de drame...

REMBRANDT / *Philosophe en méditation (29 x 33 c*

RENOIR

Peintre français (1841-1919). Cofondateur du groupe des impressionnistes, il se spécialise dans le portrait et le nu féminin, l'évocation du bonheur de vivre, les scènes de bal et de loisirs champêtres que transfigure la généreuse luminosité de sa touche chatoyante et nacrée.

C'est le Moulin de la Galette
L'été la fraîcheur des guinguettes
L'impressionnisme et Barbizon
Chapeau de paille à l'horizon
Baigneuse au charme nonchalant
Bel hymne d'un pinceau galant
Cheveux roux coulant sur les hanches
La joue rose et le cœur qui flanche
Jambes croisées sur le peignoir
Et c'est un superbe Renoir

RENOIR Auguste / *Le Moulin de la Galette (131 x 175 cm)*

ROUSSEAU

Peintre français (1844-1910). Autodidacte, il peint sur le mode naïf des scènes de fantaisie parfois étranges qui se déroulent dans une jungle imaginaire agencée en plans successifs comme un décor de théâtre. Apollinaire et Picasso seront les premiers à reconnaître son talent.

Il peint selon son cœur et ses propres critères
Avec le dessin gauche et la candeur intacte
Qui font tout le talent des grands autodidactes
En ne puisant qu'en lui sa force élémentaire

Naïf et généreux de la tête au pinceau
Unique et décalé c'est le Douanier Rousseau

ROUSSEAU Henri, dit le Douanier / *Nègre attaqué par un jaguar (114 x 162 cr*

RUBENS

Peintre flamand (1577-1640). Inspirateur de l'école baroque du Nord, apprécié des grands de son époque, il réalise, à la tête d'un important atelier, portraits équestres, commandes religieuses ou compositions historiques. Son style fougueux et coloré marquera plusieurs générations de peintres.

Un univers tout en dentelle
Jardin cosy fontaine en or
Rideau de fleurs subtil décor
Déesse aux charmes immortels

Voici la Vénus au miroir
La Grâce et le temps des idylles
Les hauts palmiers les crocodiles
Un philosophe en habits noirs

Quoi qu'il advienne avec Rubens,
Le baroque a trouvé son prince…

SEURAT

Peintre français
(1859-1891).
Sa démarche,
le divisionnisme, vise
à reconstruire, par
petites touches
savamment ordonnées,
les formes qui, chez les
impressionnistes,
se dissolvent sous
l'effet de la lumière.
Esprit scientifique,
il s'appuie sur les travaux
du chimiste Chevreul.

Comme une palette étoilée
Comme un arc-en-ciel pommelé
Un carnaval de confettis

Un univers en pointillé
Flocons de neige par milliers
Feu d'artifice ou mouchetis

Comme un pinceau qui vient éclore
En symphonie multicolore
Grains de couleur pluie de cailloux

Avec un point d'exclamation
Et trois gros points de suspension
C'est un Seurat, un point c'est tout !…

SEURAT Georges / *Un dimanche après-midi à la Grande Jatte (205,7 x 305,8 cr.*

⸱SISLEY

Peintre britannique
de l'école française
(1839-1899).
Il rejoint le groupe
des impressionnistes
dès sa formation tout
en restant influencé par
les paysagistes anglais.
Il peint les environs de
Paris dans des tons
froids aux accents
délicats qui ne seront
que tardivement
appréciés du public.

Un village inondé, un grand ciel azuré
Un soleil de décembre aux clartés mordorées
Un ruisseau qui s'écoule un pays Bougival
Palette impressionniste aux couleurs estivales
C'est l'automne cuivré, l'hiver aux tons de lait
Ou ce plaisir parfait que nous offre Sisley

SISLEY Alfred / *Neige à Louveciennes (61 x 50 cm)*

TÀPIES

Peintre espagnol né
en 1923. Il travaille
une matière épaisse
dans laquelle il inscrit
par grattage ou
lacération des traces
proche des graffitis.
Avec des matériaux
de récupération,
des déchets, il
compose des tableaux-
objets exprimant la
souffrance et la
tragédie humaines.

Tandis qu'en matière abstraite et terreuse
Le tableau prend forme, un pinceau mystique
Travaillant la toile éclabousse et creuse
En gravant des signes cabalistiques

Aux couleurs striées le sable se mêle
Crissant sous la chair d'une pâte épaisse
Avec la vigueur de l'Art Informel
C'est le grand artiste Antoni Tàpies

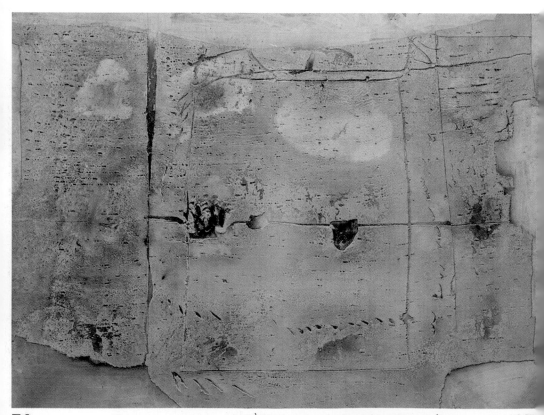

TÀPIES Antoni / *Grande peinture (200,7 x 260,7 cm*

TITIEN

Peintre italien
(1488/89-1576).
De renommée
internationale, il reçoit
des commandes
de toutes les cours
d'Europe. Son style
dynamique et sensuel,
où la touche se laisse
apercevoir et où la
lumière dorée révèle
un coloris éclatant,
marquera l'ensemble
de la peinture moderne.

Ce précurseur du baroque
Rayonnait à son époque
Grâce à de somptueux retables
Et des portraits remarquables
De Bacchanale en Pietà
Et de Vénus en Bella
L'univers au charme ancien
D'un tableau signé Titien

TITIEN / *Vénus bandant les yeux de l'Amour (118 x 185 cm)*

TOULOUSE-LAUTREC

Peintre français (1864-1901). Influencé par Degas et les estampes de Hokusai, il croque d'un trait expressif et sous des cadrages insolites les familiers de la vie nocturne, les artistes, les forains. Il devient également un maître en matière d'affiche.

C'est tout un monde humoristique
De personnages authentiques
Un univers de maisons closes
Sofas capitonnés de rose
C'est Montmartre et le Moulin-Rouge
Grands cabarets, théâtres, bouges,
C'est Jane Avril et la Goulue
Bruand les cafés farfelus
L'affiche et le petit blanc sec
Entre deux toiles de Lautrec !

TOULOUSE-LAUTREC Henri de / *La Goulue et Valentin le désossé (298 x 316 cm)*

TURNER

Peintre britannique
(1775-1851). À
l'apogée de son art, la
lumière est le véritable
sujet du tableau. Elle
irradie en brumes
irisées, emplissant
l'espace et
dématérialisant
les formes au point
de les rendre presque
abstraites. Rares
sont les peintres
modernes qu'il
n'a pas influencés.

Un ouragan de couleur, qui s'abat sur un navire
Comme un rêve ensorceleur, et soudain le cœur chavire

Un brouillard énigmatique, un naufrage à l'aquarelle
Funérailles romantiques, et crachin surnaturel

Une marine incendiée, un océan de bonheur
C'est un chef-d'œuvre dédié par le magistral Turner

URNER William / *La Fin du Téméraire (90,8 x 122 cm)*

*U*CCELLO

Peintre italien (1397-1475). Les exercices de perspective, le raccourci des personnages sont pour lui une véritable obsession, non seulement pour suggérer l'espace dans ses tableaux, mais aussi à titre de divertissement intellectuel. Il sait aussi faire preuve de poésie.

Avec de fabuleux détails
Sur trois gigantesques panneaux
Avec au cœur de la bataille
Niccolo da Tolentino

Avec de superbes couleurs
Des bleus profonds des rouges sombres
De l'ocre pour mettre en valeur
Les lances qui le ciel encombrent

Avec des guerriers infernaux
Et de noirs chevaux au galop
Les combats de San Romano
Peints par le grandiose Uccello

UCCELLO Paolo /*La Bataille de San Romano (182 x 323 cn*

*V*AN EYCK

Peintre flamand (vers 1390-1441). Le caractère novateur de son œuvre fait de lui l'un des fondateurs de l'école flamande. Portraits ou tableaux religieux témoignent de ses recherches techniques (peinture à l'huile, glacis, sens de l'espace) et de son habileté à suggérer les matières.

Depuis la Vierge et son enfant
Jusqu'aux époux Arnolfini
Voici la richesse infinie
D'un réalisme ébouriffant

Un pinceau savant et précis
Pour des descriptions minutieuses
De vitraux d'étoffes précieuses
Médaillon lustre et couvre-lit

Réfléchi comme un jeu d'échecs
Et les bougies qui vont avec
C'est un trésor signé Van Eyck

VAN EYCK Jan / *Les Époux Arnolfini (82 x 60 cm)*

V AN GOGH

Peintre néerlandais (1853-1890). Au cours de sa vie brève et tragique, sans cesse guetté par la folie, il tente d'exprimer, à travers l'intensité de sa palette et les contorsions de sa touche, une identité qui lui échappe. Il ouvrira la voie à l'expressionnisme.

C'est une vision torturée
Profondément désespérée
Une palette dramatique
Dessin d'une force mystique
Les couleurs d'un esprit hanté
Soleils nerveux ciels tourmentés
Une œuvre au tragique épilogue
Pour un génie nommé Van Gogh

VAN GOGH Vincent / *L'Église d'Auvers-sur-Oise (94 x 74,5 cm*

VELÁZQUEZ

Peintre espagnol (1599-1660). Peintre de la cour, il exécute avec virtuosité portraits, compositions mythologiques ou historiques dans un style étonnamment libre. Ses dons de coloriste, son sens des éclairages et de l'espace en font un précurseur de l'impressionnisme.

Et voici Velázquez à travers la campagne
Qui s'en va retrouver ce soir la cour d'Espagne
C'est Balthazar Carlos et son cheval fougueux
Un Bacchus au milieu d'ivrognes et de gueux
C'est l'infante Isabelle entourée des Ménines
Figée dans sa fierté sa robe à crinoline
Avec à ses côtés debout qui se renfrogne
Une naine effrayante et sa terrible trogne

ELÁZQUEZ Diego / *Les Ménines (318 x 276 cm)*

VERMEER

Peintre néerlandais
(1632-1675).
Ses scènes de genre
savamment
composées, où règne
un calme mystérieux,
ses harmonies de bleu
et jaune, son rendu
subtil des matières, une
vision tout intériorisée
de son art révèlent
l'un des plus grands
peintres qui soient.

Vermeer, comme un bijou, comme un fruit défendu,
Dentellière appliquée, musicienne éperdue
Ou liseuse debout dans ses pensées perdue,
Des jaunes des bleus froids de l'émail des fondus
Une lumière étrange un brouillard étendu
Où le temps pour un temps resterait suspendu…

VERMEER DE DELFT Johannes / *La Lettre (44 x 38,5 c*

VÉRONÈSE

Peintre italien (1528-1588). Il réalise pour les congrégations religieuses d'immenses compositions où de somptueuses architectures rythment l'espace peuplé d'une multitude de personnages drapés de vives couleurs. C'est aussi un grand portraitiste.

Véronèse ? En quelques vers ?
Le nom d'un célèbre vert,
La peinture à cœur ouvert,
Un dessin pétri de vie ;
Deux amants qui se sourient,
Sous l'œil vexé du mari,
L'amour, ses Allégories,
Ou le Repas chez Lévi !

VÉRONÈSE / *Le Repas chez Lévi* (détail)

VUILLARD

Peintre français (1868-1940). Membre du groupe des nabis, il s'intéresse aux arts dits mineurs (vitraux, céramique) avant de se tourner vers un style intimiste pour évoquer des scènes d'intérieur bourgeois.
Ses portraits révèlent une grande sensibilité et ses natures mortes son talent de coloriste.

À présent la merveille au milieu des merveilles
Cet ami de Bonnard et de Paul Sérusier
Lui qui sait allumer dans nos yeux ce brasier
Où vient fondre le cœur comme neige au soleil

Des scènes d'intérieur à mourir de beauté
Couleurs fanées rompues que seul savait Vuillard
Un sommet un miracle un apogée un art
Qui ferait regretter notre réalité…

VUILLARD Édouard / *Le Déjeuner du matin (37 x 60 c*

ARHOL

Sérigraphie géante au fond vert aniline
Du citron du turquoise et du rose en aplats
Le célèbre portrait de la star Marilyn
Les conserves Campbell's ou le Coca-Cola

Empereur du pop art au talent rock 'n' roll
Du kitsch américain élu porte-parole
Le voici, j'ai nommé mister Andy Warhol !

WARHOL Andy / *Boîtes de soupe Campbell's (61 x 91 cm)*

WATTEAU

Peintre français (1684-1721). Créateur du genre des «scènes galantes», il affectionne aussi le monde de la comédie italienne. Fabuleux dessinateur, coloriste hors pair, il innove par sa manière à la fois nerveuse et gracieuse, où l'inspiration poétique se teinte de mélancolie.

C'est l'Embarquement pour Cythère,
C'est immobile et solitaire
Un pierrot dans ses habits blancs,
Lunaire avec ses bras ballants ;

C'est Gilles et sa timidité,
Sa maladresse et son regard
Sombre et rêveur, son air hagard,
Et la Commedia dell' Arte.

WATTEAU Antoine / *Gilles (184 x 149 cr*

ZURBARÁN

Peintre espagnol (1598-1664). Son art pousse à un haut degré l'expression du sentiment mystique populaire. Il exécute pour les couvents des compositions équilibrées aux figures amples et calmes, aux coloris intenses et harmonieux.

Ici touche à sa fin l'Alphabet des Grands Peintres,
Avec la lettre Z et ce portrait de sainte ;
D'Appel à Zurbarán et via Picasso,
Vous voilà rassasiés, dès lors, à vos pinceaux !

ZURBARÁN Francisco de / *Sainte Casilde (184 x 90 cm)*

TABLE DES ŒUVRES

36/Paul Gauguin,
Nave nave Moe («Eau délicieuse»), 1894, huile sur toile, Saint-Péterbourg, Musée de l'Ermitage

37/Théodore Géricault,
Le Radeau de la Méduse, 1818-1819, huile sur toile, Paris, Musée du Louvre

38/Giotto di Bondone,
La Déposition de Croix, vers 1305, Padoue, fresque de la chapelle Degli Scrovegni

39/Francisco de Goya y Lucientes,
Tres de mayo, («Le 3 mai 1808»), 1814, huile sur toile, Madrid, Musée du Prado

40/Le Greco (Dhomínikos Theotokópoulos dit),
L'Enterrement du comte d'Orgaz, 1586, huile sur toile, Tolède, Église Saint-Thomas

41/William Hogarth,
Les Enfants Graham, 1742, huile sur toile, Londres, The National Gallery

42/Hokusai Katsushika,
L'Arc de la vague au large de Kanagawa (La Vague), estampe extraite des Trente-Six Vues du mont Fuji, vers 1831, Paris, Musée Guimet

43/Hans Holbein (le Jeune),
Les Ambassadeurs, 1533, huile et tempera sur bois, Londres, The National Gallery

44/Winslow Homer,
Breezing Up, 1876, huile sur toile, Washington, National Gallery of Art

45/Jean Auguste Dominique Ingres,
La Grande Odalisque, 1814, huile sur toile, Paris, Musée du Louvre

46/Wassily Kandinsky,
Sans Titre, 1910, 1913, mine de plomb, aquarelle et encre de Chine sur papier, Paris, Musée national d'art moderne, Centre Georges Pompidou

47/Ernst Ludwig Kirchner,
Scène de rue berlinoise, 1913, Berlin, Brücke Museum

48/Paul Klee,
Buste d'enfant, 1933, pastels à la cire sur bois, Berne, Kunstmuseum, Fondation Paul Klee

49/Gustav Klimt,
L'Accomplissement, projet pour la décoration du palais Stoclet à Bruxelles,1905-1909, détrempe, aquarelle, or, bronze argenté, craies, crayon, blanc couvrant sur papier, Strasbourg, Musée des Beaux-Arts

50/Georges de La Tour,
Le Tricheur à l'as de carreau, vers 1647, huile sur toile, Paris, Musée du Louvre

51/Fernand Léger,
Les Constructeurs, 1950, huile sur toile, Biot, musée Fernand Léger

52/Léonard de Vinci (Leonardo di ser Piero da Vinci dit),
La Joconde, 1503-1506, huile sur panneau de bois, Paris, Musée du Louvre

53/Pol, Herman et Jean de Limbourg (dits les frères), *Le Mois de décembre à Vincennes,* enluminure sur velin extraite des Très Riches Heures du duc de Berry, vers 1413, Chantilly, Musée Condé

54/René Magritte,
Le Fils de l'homme, 1964, huile, collection particulière

55/Édouard Manet,
Le Déjeuner sur l'herbe, 1862-1863, huile sur toile, Paris, Musée d'Orsay

56/Henri Matisse,
Figure décorative sur fond ornemental, 1925, Paris, Musée national d'art moderne, Centre Georges Pompidou

57/Michel-Ange (Michelangelo Buonarroti dit),
La Création d'Adam, 1508-1512, fresque de la voûte de la chapelle Sixtine, Rome, Vatican

58/Joan Miró,
*Libellule aux ailerons rouges à la poursuite d'un serpent glissant en spirale vers l'étoile-comète,*1951, huile sur toile, Madrid, Musée du Prado

59/Amedeo Modigliani,
Jeanne Hebuterne assise, de profil, 1918, Merion, The Barnes Foundation

60/Piet Mondrian (Pieter Cornelis Mondriaan dit),
Composition C ; Composition n° III ; Composition avec rouge, jaune et bleu, 1935, Londres, Tate Gallery

61/Claude Monet,
*Le Bassin aux nymphéas :
harmonie verte,* 1904, huile
sur toile, Paris, Musée d'Orsay

62/Edvard Munch,
Le Cri, 1893, huile, pastel
et caséine sur carton, Oslo,
Nasjonalgalleriet

63/Pablo Ruiz Picasso,
Les Amoureux, 1919, huile
sur toile, Paris, Musée Picasso

64/Piero della Francesca,
La Madonna del Parto, vers
1455-1459, fresque sur bois,
Monterchi (Arezzo)

65/Jackson Pollock,
*Silver over black, white, yellow
and red,* 1948, émail sur papier
marouflé sur toile, Paris, Musée
national d'Art moderne, Centre
Georges Pompidou

66/Nicolas Poussin,
*Paysage avec Orphée et
Eurydice,* vers 1650, huile sur
toile, Paris, Musée du Louvre

**67/Raphaël (Raffaello
Santi ou Sanzio dit),**
Madone Sixtine, vers 1513,
huile sur toile, Dresde,
Gemäldegalerie

**68/Rembrandt Harmensz
Van Rijn,**
Philosophe en méditation,
1632, huile sur panneau de
bois, Paris, Musée du Louvre

69/Pierre-Auguste Renoir,
Le Bal du Moulin de la Galette,
1876, huile sur toile, Paris,
Musée d'Orsay

**70/Henri Rousseau
(dit le Douanier),**
Nègre attaqué par un jaguar,
1910, huile sur toile, Bâle,
Kunstmuseum

71/Pierre Paul Rubens,
*Hélène Fourment et ses
enfants,* vers 1636-1637, huile
sur panneau de bois, Paris,
Musée du Louvre

72/Georges Seurat,
*Un dimanche après-midi à l'île
de la Grande Jatte,* 1884, huile
sur toile, Chicago, The Art
Institute

73/Alfred Sisley,
Neige à Louveciennes, 1878,
huile sur toile, Paris, Musée
d'Orsay

74/Antoni Tàpies,
Grande peinture, 1958,
matériaux divers sur toile, New
York, Solomon R. Guggenheim
Museum

**75/Titien (Tiziano Vecellio
dit),**
*Vénus bandant les yeux de
l'Amour,* 1560-1562, huile sur
toile, Rome, Galerie Borghèse

**76/Henri de Toulouse-
Lautrec,**
*La Goulue et Valentin le
désossé,* 1895, huile sur toile,
Paris, Musée d'Orsay

**77/Joseph Mallord William
Turner,**
La Fin du Téméraire, 1839,
huile sur toile, Londres, National
Gallery

**78/Paolo Uccello (Paolo
di Dono dit),**
La Bataille de San Romano,
vers 1450-1456, tempera
et huile sur panneau
de bois, Paris, Musée
du Louvre

79/Jan Van Eyck,
Les Époux Arnolfini, 1434,
huile sur bois, Londres,
The National Gallery

**80/Vincent Van
Gogh,** *L'Église
d'Auvers-sur-Oise,*
1890, huile sur toile,
Paris, Musée d'Orsay

**81/Diego de Silva
Velázquez,**
Les Ménines, 1656,
huile sur toile, Madrid,
Musée du Prado

**82/Johannes Vermeer
(dit Vermeer de Delft),**
La Lettre, vers 1665-1670, huile
sur toile, Amsterdam,
Rijksmuseum

**83/Véronèse (Paolo Caliari
dit),**
Le Repas chez Levi, 1573, huile
sur toile, 556 x 1280 cm,
Venise, Galerie de l'Académie

84/Édouard Vuillard,
Le Déjeuner du matin, 1906,
Paris, Musée d'Orsay

85/Andy Warhol,
Boîtes de soupe Campbells,
1965, sérigraphie sur toile, coll.
part.

86/Antoine Watteau,
Gilles (ou *Pierrot*), vers 1718-
1719, huile sur toile, Paris,
Musée du Louvre

87/Francisco de Zurbarán,
Sainte Casilde, 1640, huile sur
toile, Madrid, Musée du Prado

TABLE DES MATIÈRES

Responsable éditoriale : **Anne de Bouchony**
Iconographie : **Maryse Hubert, Isabelle de Latour**
Graphisme : **Christine Régnier**
Rédaction des biographies : **Nathalie Corradini**
Illustrations : **Maurice Pommier**

Retrouvez vos peintres préférés dans :
Le Plus Beau Musée du monde,
(Gallimard Multimédia et
France Télécom Multimédia)
un CD-Rom pour toute la famille avec
150 chefs-d'œuvre du monde entier,
3 heures d'animations,
300 pages de notices détaillées,
et plus de **150 jeux.**

CRÉDITS PHOTOGRAPHIQUES